NÜTZLICHES WOK-WISSEN

AUF DEM TITELBILD SEHEN SIE DAS REZEPT KNUSPERFISCH MIT LITSCHI VON SEITE 30.

WOK-REZEPTE FRISCH EINGETROFFEN

NEUES AUS ASIEN
VON WÜRZIG ZART
BIS JAPANISCH-AROMATISCH

WOK-KLASSIKER NEU INTERPRETIERT

KLASSISCHES MAL ANDERS:
VON RASANT-SCHARF
BIS SÜSS-SAUER

WOK CROSSOVER

ZUTATEN
INTERNATIONAL GEMIXT:
DENN AUCH MATJES UND GNOCCHI
WOLLEN MAL IN DEN WOK

KLEINE WOK-KUNDE

WIE FUNKTIONIERT EIGENTLICH EIN WOK?

WAS FÜR WOKS GIBT ES?

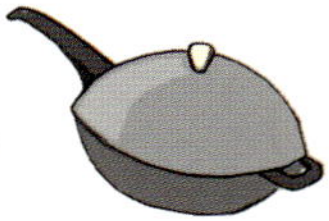

BRAUCHE ICH EXTRA-ZUBEHÖR?

WAS KANN ICH MIT DEM WOK ALLES MACHEN?

UND WAS KOMMT ALLES IN DEN WOK?

WO BEKOMME ICH ASIATISCHE LEBENSMITTEL?

Unter Rühren werden Zutaten im Wok schnell gebraten. Am Boden konzentriert sich die Hitze, zum Rand hin nimmt sie ab. Dort können sich die Zutaten ausruhen, bis sie wieder durch **Umrühren** herumgewirbelt werden.

Solche aus **Edelstahl, Gusseisen und Eisen** – auch mit plan geschliffenem Boden. Leichter sind Woks aus gegossenem **Aluminium** mit robuster **Antihaftbeschichtung** für Gas, Elektro und Kohle. Praktisch: Wok-Pfannen mit Stiel.

In jedem Fall einen Wok mit passendem **Deckel**. Eine **Wokschaufel** ist praktisch, ein Kochlöffel tut's auch. Ein **Schaumlöffel** ist gut, um fertige Zutaten herauszuholen. Ein **Abtropfgitter** liegt jedem Wok bei. Ein Kuchengitter ersetzt den Dämpf- oder Siebeinsatz.

So gut wie alles: **pfannenrühren, dämpfen, schmoren, kochen und frittieren.** Fürs Pfannenrühren den Wok stark erhitzen. Ein Tipp: einen Wassertropfen hineingeben, wenn er »tanzt« und sofort verdampft, ist der Wok heiß genug. Nun etwas Öl (Sonnenblumen-, Raps- oder Sesamöl) in den Wok gießen und herumschwenken. Dann portionsweise die klein geschnittenen Zutaten dazugeben. Mit dem Rührlöffel rasch von links nach rechts und von hinten nach vorne durcheinander rühren, bis alles gar ist.
Zum Dämpfen zarte Zutaten wie Fisch und Garnelen auf den Dämpf- oder Siebeinsatz platzieren. Alles gart zugedeckt und dampfumhüllt. Sanft und saftig geht's auch beim Schmoren zu: Fleischstücke unter Pfannenrühren anbraten, Flüssigkeit zugießen, Deckel drauf und die Zutaten bei schwacher bis mittlerer Hitze garen.
Frittieren geht easy im Wok. Wegen der Wölbung kommt man mit relativ wenig Fett (am besten Kokos- oder Erdnussöl) aus.

Gemüse, Fleisch und Fisch – in Streifen, Scheiben oder Würfeln – alles sollte schön gleichmäßig geschnippelt sein. Dann gart es in der starken Hitze schnell. Kleingeschnittenes in Schälchen griffbereit, auch **Gewürze** und **Kräuter**, neben den Wok stellen.

In großen **Supermärkten** gibt es die meisten Produkte. Speziellere im **Asienladen.** Dort treffen täglich frische Gemüse und Kräuter aus Asien ein. Ein Tipp: im Telefonbuch (Branchenverzeichnis) und im Internet suchen. Hier eine Adresse, die ich empfehlen kann: www.asia-orient-service.de

DER SCHNELLSTE WOK DER WELT

Ratzfatz geht die schnelle Wok-Nummer mit Convenience-Produkten aus Gläsern, Dosen, Fläschchen & Co. Sie verkürzen die Vorbereitungszeit und geben den asiatischen Kick.

1 TK-GEMÜSE, -FISCH & -SEAFOOD Gemüse aus dem Eis, farbenfroh und knackig, erspart Putzen und Schnippeln. Gegen Heulen helfen gewürfelte TK-Zwiebeln – die gibt es auch gemischt mit Knoblauch. TK-Fisch und TK-Seafood am besten ohne Verpackung zugedeckt im Kühlschrank auftauen lassen und vor dem Wokken gut trockentupfen.

2 TOMATEN Stückig oder passiert aus Dose oder Tetrapack ersparen Schälen und Schneiden. Und: Diese Tomaten schmecken wirklich toll. Sonnengereift vom Strauch geerntet, wandern sie blanchiert, geschält und oft zerkleinert in ihre Verpackung.

3 BRÜHEN & FONDS Statt selbst gekochter Brühe gibt es Alternativen als Basis und zum Aufgießen: (klare) Bouillons, Brühen und Fonds aus Glas und Döschen. Ob Instant oder als Paste, die Geschmackspalette (Fleisch, Geflügel, Fisch, Gemüse) ist groß. Die Brühe erst erhitzen – dann in den Wok geben.

4 FERTIGSAUCEN machen's asiatisch. Sojasaucen, hell oder dunkel – mehr oder weniger salzig – sind Geschmackssache. Mit indonesischer dicklich-süßer Sojasauce (Kecap manis) erst zum Schluss würzen. Fischsauce gibt Fisch und Fleisch den gewissen Pfiff. Austernsauce (Oyster Sauce) passt gut zu Gemüse. Hoisin-Sauce, süßlich-scharf, würzt im Wok einfach alles. Säuerlich-scharfe Pflaumensauce passt für Dips. Und Chilisauce, hot & spicy oder süßsauer, ist ein Muss!

5 KOKOSMILCH Ungesüßt aus Dose oder Tetrapack ist sie quasi die Schlagsahne oder Crème fraîche der Asia-Küche. Kokosmilchreste halten sich umgefüllt und gekühlt 1 Woche. Oder Sie zaubern einen Drink oder ein Dessert daraus.

6 REIS & NUDELN Kochbeutel-Reis gart in ca. 8 Minuten, Convenience-Basmatireis aus dem Becher in nur 1 Minute. Auch rasant: Reis- und Glasnudeln oder Instant-Mie-Nudeln garen in 3–4 Minuten. Und Instant-Wok-Nudeln können gleich zum Gemüse in den Wok gestreut werden! Schneller geht's nicht.

7 WÜRZPASTEN gibt's in Gläsern (Supermarkt) und vakuumverpackt in Tüten (Asienladen); Currypasten – je nach Gusto – in gelb, rot und grün, von mild-würzig bis pikant-scharf. Scharfmacher ist Capsaicin aus der Chilischote. Gute Kombi mit Kokosmilch – sie mildert die Schärfe. Fein und praktisch sind Ingwer-, Koriander- und Zitronengraspaste.

1
Kokos-Milch
cremig
Bamboo Garden Thai
Inhalt 200 ml
5
2
6
3
4
7

WOK-REZEPTE

FRISCH EINGETROFFEN

GARNELEN
MIT SPARGEL

würzig-zart

250 g (etwa 16) rohe, geschälte Riesengarnelen (frisch oder TK und aufgetaut) ++ 250 g dünner grüner Spargel ++ 5 kleine thailändische Frühlingszwiebeln (50 g; s. Tipp S. 19) ++ 1 Möhre (60 g) ++ 1 Stück frischer Ingwer (3 cm) ++ 1 kleine Knoblauchzehe ++ 2 EL neutrales Pflanzenöl ++ 150 ml heiße Hühnerbrühe (Instant) ++ je 2 EL helle Sojasauce, Fischsauce und Reiswein ++ 1 Prise Chiliflocken

Für 2 Personen | Zubereitung **25 Min.** | Pro Person ca. **325 kcal, 28 g EW, 17 g F, 12 g KH**

1 Falls notwendig, Garnelen am Rücken einritzen und den schwarzen Darm entfernen. Garnelen kalt abwaschen und trockentupfen. Spargel, Frühlingszwiebeln und Möhre putzen und waschen. Spargelenden entfernen, die Spargelstangen in etwa 4 cm lange Stücke teilen. Die Frühlingszwiebeln in dünne Ringe schneiden. Die Möhre schälen, quer halbieren und beide Hälften längs zuerst in Scheiben, dann in Stifte schneiden. Ingwer und Knoblauch schälen und fein würfeln.

2 Den Wok erhitzen und das Öl hineingeben. Garnelen, Knoblauch- und Ingwerwürfel dazugeben und 1/2 Min. pfannenrühren. Möhren, Zwiebelringe und Spargel zufügen und 2–3 Min. braten. Die heiße Brühe, Sojasauce, Fischsauce und Reiswein dazugeben, einmal aufkochen lassen und alles bei mittlerer Hitze noch 1/2 Min. erhitzen. Mit Chiliflocken bestreuen und sofort servieren.

SARDELLEN SCHARF GEBRATEN

chili-hot

500 g kleine Sardellen (frisch oder TK und aufgetaut)
4–5 EL Mehl
1 Bund kleine thailändische Frühlingszwiebeln (120 g; s. Tipp S. 19)
1/2 Bund Koriandergrün
300 g stückige Tomaten (aus Dose oder Tetrapack)
100 ml Fleischbrühe (Instant)
1 EL Tomatenmark | 2 EL Reiswein
3 EL scharfe Chilisauce
2 EL Fischsauce
1/2–3/4 l neutrales Pflanzenöl zum Frittieren

Für 2 Personen | Zubereitung **25 Min.** | Pro Person ca. **915 kcal, 76 g EW, 54 g F, 29 g KH**

1 Die Sardellen einzeln vorsichtig kalt waschen, sehr gut trockentupfen. Fische portionsweise im Mehl wenden. Frühlingszwiebeln putzen, waschen und in feine Ringe schneiden. Koriander waschen, trockenschütteln und fein schneiden. Tomaten, Brühe, Tomatenmark, Reiswein, Chili- und Fischsauce in einem Schälchen vermischen.

2 Das Öl im Wok sehr stark erhitzen. Die Fische in 3–4 Portionen knusprig goldbraun frittieren und auf Küchenpapier abtropfen lassen. Öl aus dem Wok gießen (siehe Koch-Tipp). Wok nicht auswischen!

3 Den Wok wieder erhitzen, die Frühlingszwiebeln hineingeben und 1/2 Min. pfannenrühren. Tomaten-Gewürz-Mischung unterrühren und alles bei schwacher Hitze 1 Min. kochen. Fische und Koriander unterheben. Das Gericht sofort servieren.

MEIN KOCH-TIPP

Das **Frittieröl** durch ein feines Sieb in eine Konservendose gießen. Danach abgekühlt in ein Schraubglas umfüllen, verschließen und ab in den Kühlschrank bis zum nächsten Mal. Am besten »fischiges Öl« auf das Glas schreiben!

würzig-peppig

SCHARFES HACKFLEISCH MIT TOFU

200 g fester Tofu
4 EL scharfe Chilisauce
1 mittelgroße Knoblauchzehe
3 große rote Chilischoten
10 thailändische Frühlingszwiebeln (100 g; s. Tipp S. 19)
1 Stück frischer Ingwer (3 cm)
1 EL neutrales Pflanzenöl
250 g gemischtes Hackfleisch
200 ml heiße Fleischbrühe (Instant)
3 EL helle Sojasauce
1 TL Speisestärke

Für 2 Personen | Zubereitung **20 Min.** | Marinieren **20 Min.**
Pro Person ca. **540 kcal, 37 g EW, 37 g F, 13 g KH**

1 Den Tofu in etwa 1 cm große Würfel schneiden, mit 3 EL Chilisauce vermischen und 20 Min. zugedeckt marinieren.

2 Den Knoblauch schälen und fein würfeln. Chilischoten waschen, längs vierteln, entkernen und grob klein schneiden. Die Frühlingszwiebeln putzen, waschen und in feine Ringe schneiden. Die weißen Zwiebelringe beiseitelegen. Ingwer schälen und klein würfeln.

3 Den Wok erhitzen und das Öl hineingeben. Weiße Zwiebelringe, Knoblauch- und Ingwerwürfel und Chilis zugeben und 1 Min. anbraten. Das Hackfleisch zufügen und bei mittlerer Hitze unter Rühren in 2 Min. krümelig braten. Die Tofuwürfel unterrühren. Die restliche Chilisauce, die heiße Brühe und Sojasauce zugießen und den Tofu 1 Min. garen.

4 Die Speisestärke mit etwas Wasser glatt rühren. Die grünen Zwiebelringe unterheben. Die Speisestärke-Zwiebel-Mischung zum Binden untermischen und alles 1 Min. leise kochen lassen. Sofort servieren.

MEIN SERVIER-TIPP

Für Gäste »verpacke« ich das fertige Gericht in 4 bis 6 **kleine »Schalen«** aus mehreren ineinander gelegten Eisbergsalat-Blättern. Das knackige Grün nimmt die Schärfe.

exotisch-frisch

SCHWEINEFLEISCH
MIT INGWER UND ZWIEBELN

2 Knoblauchzehen
3 kleine rote Zwiebeln (100 g)
1 Stück frischer Ingwer (50 g)
3 kleine Kaffir-Limettenblätter
1 schmales Schweinefilet (etwa 400 g)
1 EL neutrales Pflanzenöl
1/2 TL gemahlenes Zitronengras (Gewürzregal)
1/4 l heiße Fleischbrühe (Instant)
3 EL süße Sojasauce (Kecap manis)
1 Bio-Limette
3 gestrichener EL heller Saucenbinder

Für 2 Personen | Zubereitung **25 Min.** | Pro Person ca. **348 kcal, 47 g EW, 11 g F, 13 g KH**

1 Knoblauch, Zwiebeln und Ingwer schälen, fein würfeln und miteinander vermischen. Limettenblätter halbieren. Schweinefilet trockentupfen und längs halbieren. Den dickeren Teil des Filets zweimal, den dünnen einmal längs durchschneiden. Filet in 2 cm große Würfel schneiden.

2 Den Wok erhitzen, das Öl hineingeben. Das Fleisch darin in zwei Portionen unter Rühren in je 3 Min. goldbraun anbraten. Knoblauch-Zwiebel-Ingwer-Mischung, Zitronengraspulver und Limettenblätter zufügen und kurz mitbraten. Die Hitze reduzieren. Die heiße Brühe und die Sojasauce zugießen. Alles bei schwacher Hitze zugedeckt 10 Min. schmoren.

3 Die Limette heiß waschen und abtrocknen, die Schale abreiben und den Saft auspressen. Limettenblätter aus dem Gericht nehmen. Saucenbinder einrühren. Gericht mit Limettensaft abschmecken, Limettenschale darüberstreuen, sofort servieren.

WORAN ERKENNE ICH, OB DER INGWER FRISCH IST?

Frischer Ingwer fühlt sich fest an. Bei jungem Ingwer glänzt die Haut und das Fleisch ist saftig. Übrigens kann man Ingwer in Frischhaltefolie gepackt einfrieren.

LAMM-CURRY

MIT LIMETTE

indisch-scharf

400 g Lammlachse (ausgelöster Lammrücken)
2 kleine Knoblauchzehen
1 Stück frischer Ingwer (3 cm)
2 kleine getrocknete Chilischoten
1 Kaffir-Limette
140 g stückige Tomaten (aus Dose oder Tetrapack)
2 Zwiebeln (200 g)
1 EL neutrales Pflanzenöl
1 TL mildes Currypulver
1 TL brauner Zucker
100 ml heiße Hühnerbrühe (Instant)

Für 2 Personen | Zubereitung **25 Min.** | Marinieren **1 Std.**
Pro Person ca. **340 kcal, 44 g EW, 14 g F, 11 g KH**

1 Das Lammfleisch trockentupfen, längs halbieren und in 2 cm große Würfel schneiden. Knoblauch und Ingwer schälen; Knoblauch zerdrücken, Ingwer fein würfeln. Chilis fein zerkrümeln. Kaffir-Limette heiß waschen, trocknen, die Schale abreiben und den Saft auspressen. Knoblauch, Ingwer, Chilis, Limettensaft und Tomaten in einer Schüssel mischen. Das Fleisch darin zugedeckt 1 Std. marinieren.

2 Die Zwiebeln schälen, längs halbieren und quer in feine Streifen schneiden. Fleischwürfel aus der Marinade nehmen und mit Küchenpapier trockentupfen.

3 Den Wok erhitzen und das Öl hineingeben. Die Fleischwürfel darin bei starker Hitze in zwei Portionen unter Rühren jeweils 5 Min. anbraten. Currypulver, Zucker und Zwiebelstreifen unterheben und in 3 Min. glasig dünsten. Zuerst die heiße Brühe, dann die Tomaten-Mischung zugeben. Alles bei schwacher Hitze 5 Min. garen. Mit Limettenschale bestreuen und sofort servieren.

MEIN KOCH-TIPP

Ich mariniere die Fleischwürfel mit allen Zutaten in einem zugebundenen **Gefrierbeutel.**

japanisch-aromatisch

RAMEN

MIT SPINAT UND PILZEN

150 g Ramen-Nudeln (Mie-Nudeln)
1 TL dunkles Sesamöl
250 g Austernpilze
3 kleine thailändische Frühlingszwiebeln (30 g)
2 EL neutrales Pflanzenöl
700 ml heiße Hühnerbrühe (Instant)
100 g TK-Blattspinat
(etwa 7 Portionswürfel, je 15 g)
4 EL helle Sojasauce
1 TL Dashipulver
(japanische Instant-Brühe)
1 EL Zucker
3 1/2 EL Sake (japanischer Reiswein)
100 g mittelgroße gegarte geschälte
Garnelen (6–8 Stück)
Salz

Für 2 Personen | Zubereitung **20 Min.** | Pro Person ca. **595 kcal, 29 g EW, 19 g F, 72 g KH**

1 Die Ramen-Nudeln nach Packungsanweisung in reichlich kochendem Wasser bissfest garen. Nudeln abgießen, abtropfen lassen, mit dem Sesamöl mischen und zugedeckt warm halten.

2 Von den Austernpilzen evtl. die harten Stiele entfernen. Die Pilzhüte mit Küchenpapier abreiben und in Streifen schneiden. Frühlingszwiebeln putzen, waschen und in feine Ringe schneiden, beiseite legen. Den Wok erhitzen und das Öl hineingeben. Die Austernpilze hinzufügen und bei starker Hitze unter Pfannenrühren in 2–3 Min. goldbraun anbraten.

3 Die heiße Brühe dazugießen und aufkochen lassen. Den TK-Blattspinat unaufgetaut dazugeben und zugedeckt bei mittlerer Hitze in 6 Min. garen. Alles umrühren, Sojasauce, Dashipulver, Zucker und Sake unterrühren und erhitzen, keinesfalls kochen lassen! Garnelen unterheben und kurz erwärmen. Das Gericht mit 1 Prise Salz abschmecken, den Wok vom Herd nehmen.

4 Die Nudeln in vorgewärmte Suppentassen verteilen und die heiße Suppe darübergießen. Mit Frühlingszwiebeln bestreuen und sofort servieren.

MEIN TAUSCH-TIPP

Thailändische Frühlingszwiebeln sind sehr zierlich. Wenn es unsere **heimischen Frühlingszwiebeln** sein sollen, die doppelte Menge kaufen und den dunkelgrünen Teil nicht verwenden.

WOK-KLASSIKER

NEU INTERPRETIERT

rasant-scharf

SAUER-WÜRZIGE SUPPE

1 Hähnchenbrustfilet (150 g) ++ 2 Zweige Koriandergrün ++ 2 EL neutrales Pflanzenöl ++ 220 g gemischtes TK-Gemüse (z. B. TK-Wok-Mix) ++ 600 ml heiße Hühnerbrühe Instant) ++ 25 g Instant-Wok-Nudeln ++ 80 g kleine gegarte geschälte Riesengarnelen (frisch oder TK und aufgetaut) ++ 2 EL helle Sojasauce ++ 2 EL Fischsauce ++ 3–4 EL chinesischer Reisessig ++ Sambal oelek nach Geschmack

Für 2 Personen | Zubereitung **20 Min.** | Pro Person ca. **449 kcal, 33 g EW, 22 g F, 28 g KH**

1 Hähnchenbrustfilet kalt abspülen, trockentupfen und in dünne Streifen schneiden. Koriander waschen und trockenschütteln; die Blätter grob klein schneiden und beiseitelegen.

2 Den Wok erhitzen und das Öl hineingeben. Die Fleischstreifen darin bei starker Hitze unter Rühren 2 Min. anbraten. Unaufgetautes TK-Gemüse und die heiße Brühe dazugeben und aufkochen. Die Instant-Wok-Nudeln unterrühren. Alles bei schwacher Hitze zugedeckt 4 Min. garen.

3 Garnelen, Soja- und Fischsauce unterrühren und 1/2 Min. erwärmen. Die Suppe mit Reisessig und Sambal oelek sauer abschmecken. Koriander darüberstreuen. Sofort servieren.

herzhaft-leicht

GEBRATENER REIS
MIT MEERESFRÜCHTEN UND EIERN

50 g TK-Blattspinat (3–4 Portionswürfel, je 15 g)
120 g TK-Meeresfrüchtemischung (blanchiert)
50 g Langkornreis (z. B. Duftreis) | Salz
1 kleine rote Paprikaschote (120 g)
1 Möhre (80 g)
2 kleine thailändische Frühlingszwiebeln (20 g; s. Tipp S. 19)
3 EL neutrales Pflanzenöl
2 EL Zitronensaft
2 frische Eier (Größe M)
2 TL dunkle Sojasauce
1 TL Korianderpaste (aus dem Glas)
1–2 Msp. Sambal oelek nach Geschmack

Für 2 Personen | Zubereitung **20 Min.** | Pro Person **ca. 425 kcal, 22 g EW, 26 g F, 26 g KH**

1 Den Spinat in einer Schüssel, die Meeresfrüchtemischung in einem Sieb auftauen lassen. Reis in Salzwasser nach Packungsanweisung garen. Danach zum schnelleren Abkühlen auf einer Platte ausbreiten.

2 Inzwischen die Paprikaschote, Möhre und Frühlingszwiebeln putzen und waschen. Paprikaschote vierteln, entkernen und in Streifen schneiden. Möhre schälen und zuerst in dünne Scheiben, dann in streichholzdünne Stifte schneiden. Frühlingszwiebeln in dünne Ringe schneiden.

3 Den Wok erhitzen und das Öl hineingeben. Paprika, Möhren, Zwiebeln und Meeresfrüchte ins Öl geben und bei starker Hitze unter Rühren 4 Min. anbraten. Spinat und Zitronensaft untermischen.

4 Eier, Sojasauce und Korianderpaste verquirlen und unter das Gemüse heben. Den Wok vom Herd nehmen. Das Gericht mit Sambal oelek abschmecken. Den abgekühlten Reis mit zwei Gabeln auflockern und vorsichtig mit dem Gemüse mischen, sofort servieren.

WAS IST DENN DUFTREIS?

Jasminreis und Basmatireis sind duftende Reissorten. Gekochter Duftreis verströmt einen verlockenden blumigen oder nussigen Duft.

CHOP-SUEY
MIT FRISCHER MINZE

würzig-frisch

- 50 g Glasnudeln
- 250 g Putensteak
- 1 TL Speisestärke
- 2 kleine Stauden Pak-Choi (200 g)
- 1 Stück frischer Ingwer (3 cm)
- 5–6 Stiele frische Thai-Minze
- 2 EL neutrales Pflanzenöl
- 150–200 g chinesisches TK-Gemüse
- 175–200 ml heiße Hühnerbrühe (Instant)
- 4 EL helle Sojasauce
- 3 EL chinesischer Reiswein
- 1 TL dunkles Sesamöl

Für 2 Personen | Zubereitung **20 Min.** | Pro Person ca. **457 kcal, 37 g EW, 19 g F, 25 g KH**

1 Die Glasnudeln mit kochendem Wasser übergießen, 10 Minuten ziehen lassen, in einem Sieb gut abtropfen lassen und mit einer Schere klein schneiden.

2 Das Putensteak kalt abspülen, trockentupfen, längs halbieren und in 1 cm breite Streifen schneiden; wieder abtupfen und in Speisestärke wenden. Pak-Choi putzen, waschen und quer in schmale Streifen schneiden. Ingwer schälen und fein schneiden. Minze waschen und trockenschütteln, die Blätter grob klein schneiden. Für die Deko beiseitestellen.

3 Den Wok erhitzen und das Öl hineingeben. Unaufgetautes TK-Gemüse und Ingwer dazugeben und bei starker Hitze unter ständigem Rühren 2 Min. anbraten. Die Fleischstreifen unterheben und 2 Min. mitbraten.

4 Die heiße Brühe, Sojasauce und Reiswein dazugießen. Pak-Choi und Glasnudeln unterheben. Alles bei mittlerer Hitze 1 Min. kochen. Das Gericht mit Sesamöl beträufeln, mit Minze bestreuen und sofort servieren.

ganz schön scharf

ROT-GRÜNES HÄHNCHENCURRY

300 g Hähnchenbrustfilet
3 TL Speisestärke
200 g TK-Brokkoliröschen (aufgetaut)
1 Kaffir-Limette
1 mittelgroße frische Chilischote
2 EL neutrales Pflanzenöl
3 EL rote Thai-Currypaste
100 ml heiße Hühnerbrühe (Instant)
200 ml ungesüßte Kokosmilch (aus der Dose)
1 EL Fischsauce
2 EL TK-Schnittlauch

Für 2 Personen | Zubereitung **25 Min.** | Pro Person ca. **555 kcal, 41 g EW, 32 g F, 21 g KH**

1 Das Hähnchenbrustfilet kalt abspülen, trockentupfen, in 2 cm große Würfel schneiden und in Speisestärke wenden.

2 Die aufgetauten Brokkoliröschen längs halbieren. Die Kaffir-Limette heiß waschen und abtrocknen, die Schale abreiben und den Saft auspressen. Die Chilischote waschen, putzen, halbieren, entkernen und sehr fein schneiden.

3 Den Wok erhitzen und das Öl hineingeben. Das Fleisch in zwei Portionen unter Rühren in je 1 Min. goldgelb anbraten und herausnehmen. Limettensaft, Currypaste, heiße Brühe, Kokosmilch und Fischsauce in den Wok geben und aufkochen lassen. Die Brokkoliröschen und das Fleisch dazugeben und alles bei mittlerer Hitze 5 Min. schmoren lassen.

4 Limettenschale, Chilis und TK-Schnittlauch mischen und über das fertige Gericht streuen.

MEIN SERVIER-TIPP

Dazu passen **Senf-** und **Gewürzgurkenstreifen, Mango-Chutney** und **Mixed Pickles** – angerichtet in kleinen Schälchen.

fruchtig-frisch

ENTENBRUST MIT MANGO

1 ausgelöstes Barberie-Entenbrustfilet (350 g)
2 TL Speisestärke
3 Möhren (150 g)
6 kleine thailändische Frühlingszwiebeln (60 g; s. Tipp S. 19)
200 g Mangostücke (aus der Dose)
2 EL helle Sojasauce
1 EL neutrales Pflanzenöl
1 TL Ingwerpaste (aus dem Glas)
1 TL Kurkumapulver
175 ml heiße Hühnerbrühe (Instant)
1 TL Kecap manis (süße Sojasauce)
1 TL chinesischer Reiswein

Für 2 Personen | Zubereitung **25 Min.** | Pro Person ca. **595 kcal, 35 g EW, 37 g F, 31 g KH**

1 Das Entenbrustfilet kalt abspülen, trockentupfen und längs halbieren. Die Haut mit einem scharfen Messer vom Fleisch schneiden. Entenhaut und -fleisch in dünne Streifen schneiden. Die Fleischstreifen in Speisestärke wenden.

2 Das Gemüse putzen und waschen. Möhren in Streifen und Frühlingszwiebeln in dünne Ringe schneiden. Mangostücke in etwa 1 cm große Würfel schneiden.

3 Den Wok ohne Öl erhitzen, Entenhaut bei starker Hitze unter Rühren in 1 Min. knusprig braten. Die Stücke nicht zu dicht nebeneinander auf Küchenpapier abtropfen lassen. Die Fleischstreifen im verbliebenen Entenfett in zwei Portionen bei starker Hitze in 3 Min. goldbraun anbraten. Mit heller Sojasauce beträufeln, herausnehmen und warm halten.

4 Das Öl im heißen Wok erhitzen. Gemüse, Ingwerpaste und Kurkuma dazugeben und 2 Min. pfannenrühren. Fleisch, Fleischsaft und Mangowürfel unterheben. Brühe, Kecap manis und Reiswein einrühren. Noch einmal erhitzen und die Entenhaut obenauf verteilen. Sofort servieren.

süßsauer

KNUSPERFISCH MIT LITSCHI

400 g Kabeljau- oder Seelachsfilet (frisch oder TK und aufgetaut)
1 rote Paprikaschote (180 g)
150–200 g kleine feste Zucchini
70 g Litschis (aus der Dose)
1 TL Tomatenmark
100 ml Tomatensaft
1 EL helle Sojasauce
2 EL süß-scharfe Chilisauce
2 EL Weißweinessig
1 EL flüssiger Honig
1 frisches Eiweiß (Größe M)
Salz
1/2 l neutrales Pflanzenöl zum Frittieren
4–5 EL Speisestärke

Für 2 Personen | Zubereitung **50 Min.** | Pro Person ca. **545 kcal, 40 g EW, 26 g F, 39 g KH**

1 Fischfilet trockentupfen und in 2 cm große Würfel schneiden. Gemüse waschen und putzen. Paprikaschote vierteln, entkernen und in Streifen schneiden. Zucchini längs halbieren und in dünne Scheiben schneiden. Litschis abtropfen lassen, große Litschis halbieren oder vierteln.

2 Tomatenmark, Tomatensaft, Soja- und Chilisauce, Weißweinessig und Honig gut verrühren. Das Eiweiß mit 1 Prise Salz schaumig schlagen.

3 Das Öl im Wok erhitzen, bis an einem hineingehaltenen Holzstäbchen Bläschen hochsteigen. Die Fischwürfel zuerst in Eiweiß, dann in Speisestärke wenden und im heißen Öl in zwei Portionen goldbraun frittieren. Herausnehmen und auf Küchenpapier abtropfen lassen. Danach das Öl bis auf 1 EL aus dem Wok gießen.

4 Den Wok wieder erhitzen. Paprika und Zucchini in den heißen Wok geben, bei starker Hitze 2–3 Min. pfannenrühren. Litschis, Fischstücke und die Tomatensauce unterheben. Alles einmal aufkochen lassen, mit Salz abschmecken und sofort servieren.

WOK CROSSOVER

Asia-Italio-Mix

SCHARFE GNOCCHI
MIT KAPERN UND TOMATEN

2 kleine Knoblauchzehen ++ 1 Staude thailändischer Koriander (etwa 7 Stiele) mit kleiner Wurzel ++ 2 EL Olivenöl ++ 500 g Gnocchi (Kühlregal) ++ 1/2 TL Chiliflocken ++ 300 g stückige Tomaten (aus Dose oder Tetrapack) ++ 200 ml ungesüßte Kokosmilch (aus der Dose) ++ 1–2 EL scharfe Chilisauce ++ 3 EL Kapern (aus dem Glas) ++ 2 EL geröstete Sojakerne (Reformhaus)

Für 2 Personen | Zubereitung **25 Min.** | Pro Person ca. **550 kcal, 15 g EW, 32 g F, 46 g KH**

1 Knoblauch schälen und würfeln. Koriander waschen und trockenschütteln; die Blätter grob und die Wurzel fein schneiden.

2 Den Wok erhitzen und das Öl hineingeben. Die Gnocchi bei mittlerer Hitze unter ständigem Rühren in 2–3 Min. goldgelb anbraten, mit Chiliflocken bestreuen, herausnehmen und warm halten.

3 Knoblauch, Korianderwurzel und Tomaten in den heißen Wok geben. Unter Rühren in 1 Min. anbraten. Kokosmilch, Chilisauce und Kapern einrühren. Die Gnocchi unterheben und in 2 Min. erwärmen. Sojakerne und Korianderblätter darüberstreuen und das Gericht sofort servieren.

feurig-würzig

ASIATISCHE KNOBLAUCH-DRUMSTICKS

6 Hähnchenunterkeulen (je 100 g)
6–8 Knoblauchzehen
6 EL Teriyakisauce
4 EL Sake (japanischer Reiswein)
1/8 l Hühnerbrühe (Instant)
1/2 TL Sambal oelek
1 Zwiebel (60 g)
2 EL neutrales Pflanzenöl
1–2 EL Zitronensaft

Für 2 Personen | Zubereitung **35 Min.** | Pro Person ca. **550 kcal, 41 g EW, 35 g F, 10 g KH**

1 Von den Hähnchenkeulen die Gelenkenden mit einem scharfen Messer abschneiden. Die Keulen waschen und trockentupfen. Knoblauch schälen und in dünne Scheiben schneiden. Jeder Hähnchenkeule 3 Knoblauchscheiben unter die Haut schieben. Restlichen Knoblauch durchpressen und mit Teriyakisauce, Sake, Hühnerbrühe und Sambal oelek verrühren. Die Zwiebel schälen und sehr fein würfeln.

2 Den Wok erhitzen und das Öl hineingeben. Hähnchenkeulen darin in zwei Portionen bei mittlerer Hitze je 5 Min. unter ständigem Rühren anbraten. Anschließend alle fertig gebratenen Hähnchenkeulen in den Wok geben und die Zwiebelwürfel darüberstreuen.

3 Die Würzsauce dazugießen, aufkochen lassen und die Hähnchenkeulen zugedeckt bei mittlerer Hitze in etwa 15 Min. gar schmoren. Die Sauce mit Zitronensaft abschmecken.

knusprig-trendy

FISH & CHIPS

400 g Kabeljau- oder Seelachsfilet (frisch oder TK und aufgetaut) ++ 3 EL helle Sojasauce ++ 300 g längliche, festkochende Kartoffeln ++ 150 g leichte Mayonnaise (9 % Fett) ++ 3–4 EL scharfe Chilisauce ++ 3/4–1 l neutrales Pflanzenöl zum Frittieren ++ 3 EL Mehl ++ 2 EL Speisestärke

Für 2 Personen | Zubereitung **40 Min.** | Pro Person ca. **650 kcal, 40 g EW, 25 g F, 43 g KH**

1 Fischfilet trockentupfen, in 2 cm große Stücke schneiden und in Sojasauce 20 Min. marinieren. Kartoffeln schälen, waschen, trockentupfen und in 1–2 mm dünne Scheiben hobeln. Ein Geschirrtuch zur Hälfte mit den Kartoffeln belegen, die andere Hälfte darüberklappen. Mayonnaise und Chilisauce verrühren. Backofen auf 50° vorheizen.

2 Das Öl im Wok stark erhitzen. Kartoffeln in drei Portionen in je etwa 5 Min. goldbraun frittieren. Fertige Kartoffelscheiben auf Küchenpapier im Backofen nebeneinander auslegen.

3 Das Öl wieder erhitzen, bis Bläschen aufsteigen. Mehl und Speisestärke mischen, Fischstücke darin wenden und in zwei Portionen in je etwa 7 Min. goldbraun frittieren. Die erste Portion zu den Kartoffeln in den Backofen geben. Fisch und Kartoffeln mit der Chili-Mayo sofort servieren.

meeres-frisch-würzig

MIESMUSCHELN
MIT FENCHEL IN KOKOSSAUCE

1 kg Miesmuscheln
1 Fenchelknolle (220 g)
2 Kaffir-Limettenblätter
2 kleine rote Chilischoten
2 EL neutrales Pflanzenöl
1 TL Zitronengraspaste (aus dem Glas)
1/2 TL Fünf-Gewürz-Pulver
2 EL Fischsauce
1/8 l gesüßter Fruchtsaft
(z. B. Mango- oder Ananassaft)
200 ml ungesüßte Kokosmilch (aus der Dose)

Für 2 Personen | Zubereitung **30 Min.** | Pro Person ca. **400 kcal, 15 g EW, 30 g F, 16 g KH**

1 Miesmuscheln waschen, offene und beschädigte Muscheln wegwerfen. Die anderen Muscheln 4 Min. in eiskaltes Wasser geben.

2 Fenchel putzen, waschen und halbieren. Den Strunk keilförmig herausschneiden, das Fenchelgrün beiseitelegen und die Fenchelhälften in Streifen schneiden. Limettenblätter waschen und halbieren. Chilis waschen, putzen und längs halbieren, nicht entkernen.

3 Den Wok erhitzen und das Öl hineingeben. Fenchel, Limettenblätter, Chilis, Zitronengraspaste, Fünf-Gewürz-Pulver und Fischsauce einrühren und 4 Min. pfannenrühren. Fruchtsaft und Kokosmilch dazugießen und aufkochen lassen. Die Muscheln hineingeben. Zugedeckt bei mittlerer Hitze in 5–8 Min. garen. Zwischendurch alle Zutaten wenden. Muscheln, die jetzt noch geschlossen sind, wegwerfen. Das Gericht mit Fenchelgrün bestreuen.

MEIN TAUSCH-TIPP
Wer Fenchel nicht mag oder keinen bekommt, nimmt stattdessen je 1 kleine rote und gelbe **Paprikaschote**.

WAN-TAN-MAULTASCHEN
IN RINDERBOUILLON

asiatisch-schwäbisch

12 TK-Wan-Tan-Blätter (9 x 9 cm)
150 g Schweinehackfleisch (Schweinemett)
1 EL scharfe Chilisauce
3 EL helle Sojasauce
50 g TK-Schnittlauch
1 1/2 l klare Fleischbouillon (Instant)
120 g TK-Gemüse (z. B. Erbsen und Möhren)
1 frisches Ei (Größe M)
3 EL Zitronensaft

Für 2 Personen | Zubereitung **30 Min.** | Pro Person ca. **575 kcal, 32 g EW, 27 g F, 45 g KH**

1 Gefrorene Wan-Tan-Blätter mit einem feuchten Tuch bedeckt antauen lassen. Nacheinander vorsichtig 12 Wan-Tan-Blätter ablösen, auf Backpapier legen und feucht zudecken. Block mit restlichen Blättern wieder ins Tiefkühlfach zurücklegen. Schweinehack mit Chilisauce, 1 EL Sojasauce und 25 g Schnittlauch gut vermischen. Aus dem Fleischteig zwölf Nocken formen.

2 Bouillon und 2 EL Sojasauce im Wok aufkochen lassen. Gemüse darin 4 Min. knackig garen und herausnehmen, die Bouillon nicht wegschütten. Die Wan-Tan-Blätter am linken und oberen Rand mit etwas Eiweiß bestreichen, mit je einer Nocke diagonal belegen, rechte untere Teighälfte diagonal darüberlegen und die Ränder festdrücken.

3 Die Bouillon erneut aufkochen und darin jeweils 3–4 Wan-Tan-Maultaschen bei schwacher Hitze 5 Min. garen. Zum Schluss alle Wan-Tan-Maultaschen, Gemüse und restlichen Schnittlauch in die Bouillon geben. Mit Zitronensaft abschmecken und sofort servieren.

WARUM WERDEN DIE WAN-TAN-BLÄTTER AUF BACKPAPIER GELEGT?

Backpapier ist beschichtet und gleitfähig; deshalb bleibt der zarte Wan-Tan-Teig nicht daran kleben.

GEWOKKTE WURSTKLÖSSCHEN

scharf-süßsauer

1 rote und 1 gelbe Paprikaschote (je 120 g)
1 Zucchino (120 g)
160 g Ananasstücke (aus der Dose)
2 ungebrühte feine Kalbsbratwürste (je 100 g)
2 EL neutrales Pflanzenöl
1 Prise ungesüßtes Vanillepulver
1/8 l heiße Gemüsebrühe (Instant)
2 EL helle Sojasauce
3 EL süßsaure Chilisauce
1 EL Tomatenketchup

Für 2 Personen | Zubereitung **25 Min.** | Pro Person ca. **510 kcal, 14 g EW, 38 g F, 27 g KH**

1 Das Gemüse waschen. Paprikaschoten vierteln, entkernen und in Streifen schneiden. Zucchino putzen und in dünne Scheiben schneiden. Die Ananasstücke in einem Sieb abtropfen lassen. Von den Bratwürsten an einem Ende den festen Zipfel (falls vorhanden) entfernen und jeweils etwa 13 kleine Klößchen herausdrücken.

2 Den Wok erhitzen und das Öl hineingeben. Die Bratwurstklößchen darin unter ständigem Rühren in 1 Min. hellbraun braten, herausnehmen und beiseite stellen.

3 Nacheinander Paprika und Zucchini im heißen Wok unter ständigem Rühren in 2 Min. bissfest braten. Vanillepulver einstreuen. Die heiße Brühe mit Sojasauce, Chilisauce und Tomatenketchup verquirlen und einrühren. Die Wurstklößchen und Ananasstücke zugeben und alles bei mittlerer Hitze 1/2 Min. kochen lassen.

MEIN TAUSCH-TIPP

Statt Vanillepulver kann man auch das Mark von 1/2 aufgeschlitzten **Vanilleschote** nehmen. Das Vanillearoma gibt dem typischen Paprika- und Chiligeschmack eine feine Milde.

nord-deutsch-asiatisch

SOMMER-MATJES-RÖLLCHEN

2 Matjesfilets (je 50 g)
4–5 Scheiben Frühstücksspeck (ca. 40 g)
80 g Keniaböhnchen (oder TK-Prinzessbohnen)
4 kleine thailändische Frühlingszwiebeln (40 g; s. Tipp S. 19)
8 Reispapierblätter (16 cm Ø)
100 ml heißer Fischfond (aus dem Glas)
6–8 EL Pflaumen-Chilisauce (fruchtig-scharf) zum Anrichten

Für 2 Personen | Zubereitung **25 Min.** | Pro Person ca. **390 kcal, 19 g EW, 23 g F, 24 g KH**

1 Matjes fein hacken, Speck streifig schneiden. Das Gemüse putzen und waschen. Die Bohnen in dünne Scheiben, die Frühlingszwiebeln in dünne Ringe schneiden.

2 Die Reispapierblätter nebeneinander auf einem nassen Geschirrtuch ausbreiten, das Tuch überschlagen und die Reispapierblätter darunter in etwa 5 Min. weich werden lassen.

3 Den Wok erhitzen. Speck darin in 1/2 Min. pfannenrühren. Bohnen und Fischfond dazugeben und 1 Min. mitgaren. Rausnehmen und mit Matjes und Zwiebelringen mischen.

4 Auf das untere Drittel jedes Reispapierblattes gut 1 EL Füllung setzen. Die Teigränder von links und rechts zur Mitte hin überklappen und von unten nach oben nicht zu eng aufrollen. Röllchen in die Pflaumensauce tunken und abbeißen.

Die Autorin

Karin Iden arbeitete bei einem international bekannten Lebensmittelkonzern sowie als Redakteurin und Leiterin des Kochstudios einer großen kulinarischen Zeitschrift, bevor sie sich als Food-Journalistin selbständig machte. In ihren über 60 Büchern verführt sie ihre Leser zum Kochen und Genießen, wie hier mit neuen Wok-Rezepten. Sie ist Mitglied des Food-Editors Club und lebt in Hamburg.

Der Fotograf

Klaus-Maria Einwanger ist selbstständiger Fotograf in Rosenheim. Vor Ort und im Ausland arbeitet er für Zeitschriften, Buchverlage und Werbeagenturen. Kreativ setzt er dabei Food-Spezialitäten aus aller Welt perfekt ins Bild. Fürs Foodstyling waren **Michael Pannewitz** und **Sven Dittmann** zuständig.

Programmleitung: Doris Birk
Leitende Redakteurin: Stephanie Wenzel
Redaktion: Ruth Wiebusch
Lektorat: Katharina Lisson
Korrektorat: Stefanie Doll
Layout, Typographie und Umschlaggestaltung: Lucie Schmid, independent Medien-Design, München
Illustrationen Seite 4, 48 und U3: Betti Trummer, Karlsruhe; außer S. 4, letzte von unten und U3, erste von oben und letzte von unten: Harold Lazaro, Backyard10, München
Satz: Filmsatz Schröter, München
Herstellung: Gloria Pall
Reproduktion: Penta Repro, München
Druck und Bindung: Druckhaus Kaufmann, Lahr

ISBN 978-3-8338-0663-6

1. Auflage 2007

DAS ORIGINAL MIT GARANTIE

GU

DAS ORIGINAL MIT GARANTIE

Ihre Meinung ist uns wichtig. Deshalb möchten wir Ihre Kritik, aber auch Ihr Lob erfahren, um als führender Ratgeberverlag noch besser zu werden. Darum schreiben Sie uns! Wir freuen uns auf Ihre Post und wünschen Ihnen viel Spaß mit Ihrem GU-Ratgeber.

Unsere Garantie: Sollte ein GU-Ratgeber einmal einen Fehler enthalten, schicken Sie uns das Buch mit einem kleinen Hinweis und der Quittung innerhalb von sechs Monaten nach dem Kauf zurück. Wir tauschen Ihnen den GU-Ratgeber gegen einen anderen zum selben oder ähnlichen Thema um.

GRÄFE UND UNZER VERLAG

Redaktion Kochen & Verwöhnen

Postfach 86 03 13
81630 München
Fax: 0 89/4 19 81-113

oder schreiben Sie uns eine E-Mail:
leserservice@graefe-und-unzer.de

GRÄFE UND UNZER

Ein Unternehmen der
GANSKE VERLAGSGRUPPE

100 JAHRE GANSKE VERLAGSGRUPPE

ÜBER DEN TELLERRAND

 **1 Der Wok** – erfunden vor rund 3000 Jahren in China, als Brennmaterial knapp und schnelles Garen angesagt war. Garzeiten wurden übrigens mit dem Maß der Brennstoffmenge, also »ein Holzbündel lang«, angegeben, wie ein altes Kochbuch belegt.  **2 Wok-WM** Wo kann man mit dem Wok rodeln? Bei der jährlichen »Wok-WM«, bei der TV-Moderator Stefan Raab gegen Promis aus Sport und Unterhaltung antritt! Mit getunten chinesischen Woks geht es im Einer- und Vierer-Wok die Bobrennbahn hinunter, Stürze und Blessuren inklusive.  **3 Reis** macht nicht nur ein Drittel aller Menschen satt. Aus ihm werden auch Wein, Bier, Schnaps, Essig, Knusperkekse und Papier gemacht. Und nun gibt es auch Beauty-Produkte mit Reis! Das Antioxidans Oryzanol soll die Haut vor freien Radikalen schützen.  **4 Madame Jeanette** ist weder das beste Restaurant auf Aruba noch eine alte Wahrsagerin aus dem Film »Madame Jeanette« von Paula van der Oest, sondern eine der schärfsten Chilisorten der Welt. Ihr barockes Aussehen erinnert an ein zusammengeschnürtes Pompadur-Beutelchen. Die Früch-